sekolah - 学校 2
berjalan - 旅行 5
pengangkutan - 交通运输 8
bandar - 城市 10
landskap - 地形 14
restoran - 餐馆 17
pasar raya - 超市 20
minuman - 饮料 22
makanan - 食物 23
ladang - 农场 27
rumah - 房子 31
ruang tamu - 客厅 33
dapur - 厨房 35
bilik air - 浴室 38
bilik kanak-kanak - 儿童房 42
pakaian - 衣服 44
pejabat - 办公室 49
ekonomi - 经济 51
pekerjaan - 职业 53
alat - 工具 56
alat muzik - 乐器 57
zoo - 动物园 59
sukan - 体育 62
aktiviti - 活动 63
keluarga - 家 67
badan - 身体 68
hospital - 医院 72
kecemasan - 紧急情况 76
bumi - 地球 77
jam - 钟表 79
minggu - 周 80
tahun - 年 81
bentuk - 形状 83
warna - 颜色 84
berlawanan - 反义词 85
nombor - 数字 88
bahasa-bahasa - 语言 90
siapa / apa / bagaimana - 谁/什么/怎样 91
di mana - 方位 92

Impressum
Verlag: BABADADA GmbH, Nedderfeld 112 , 22529 Hamburg
Geschäftsführer / Verlagsleitung: Harald Hof
Druck: Books on Demand GmbH, In de Tarpen 42, 22848 Norderstedt

Imprint
Publisher: BABADADA GmbH, Nedderfeld 112 , 22529 Hamburg, Germany
Managing Director / Publishing direction: Harald Hof
Print: Books on Demand GmbH, In de Tarpen 42, 22848 Norderstedt, Germany

sekolah

学校

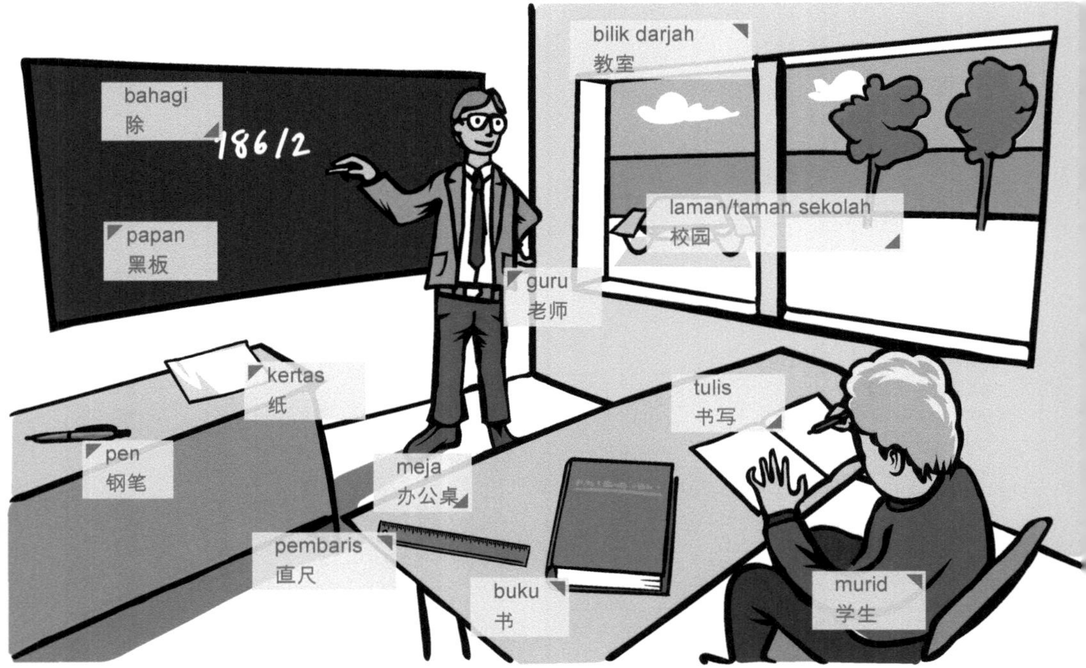
bilik darjah
教室
bahagi
除
186/2
papan
黑板
laman/taman sekolah
校园
guru
老师
kertas
纸
tulis
书写
pen
钢笔
meja
办公桌
pembaris
直尺
buku
书
murid
学生

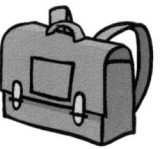

beg galas
书包

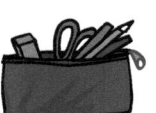

kotak pensel
铅笔盒

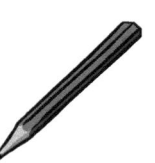

pensel
铅笔

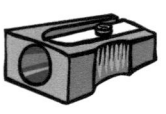

pengasah pensel
卷笔刀

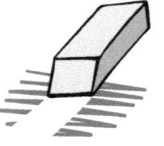

pemadam
橡皮擦

kertas lukisan
画板

melukis

图画

berus lukis

画笔

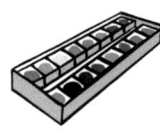

kotak warna

颜料盒

gunting

剪刀

gam

胶水

buku latihan

练习册

kerja rumah

家庭作业

12

nombor

数字

2+2

tambah

加

5-2

tolak

减

2×2

darab

乘

kira

计算

A

huruf

字母

ABCDEFG
HIJKLMN
OPQRSTU
VWXYZ

abjad

字母表

hello

kata

字

teks

课文

baca

读

kapur

粉笔

pelajaran

上课

daftar

登记

peperiksaan

考试

sijil

证书

uniform sekolah

校服

pendidikan

教育

ensiklopedia

百科全书

universiti

大学

mikroskop

显微镜

peta

地图

bakul sampah

废纸筐

berjalan

旅行

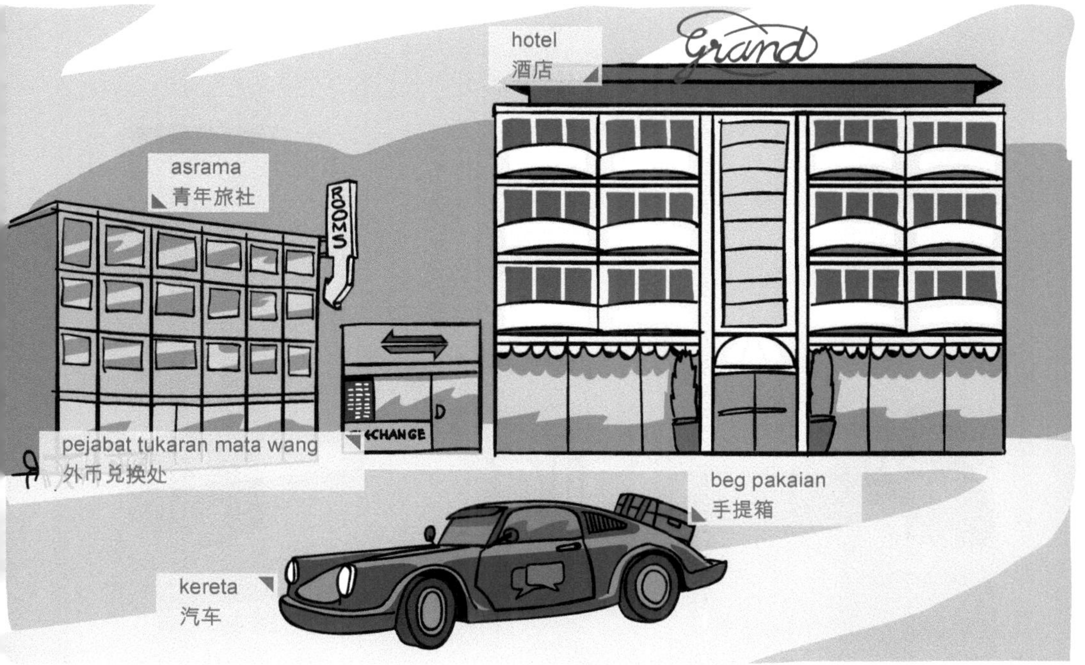

hotel
酒店
Grand
asrama
青年旅社
ROOMS
EXCHANGE
pejabat tukaran mata wang
外币兑换处
beg pakaian
手提箱
kereta
汽车

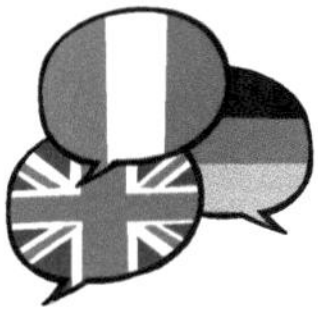

bahasa
语言

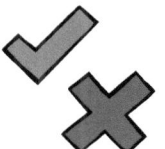

ya / tidak
是/否

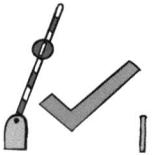

okey
好的

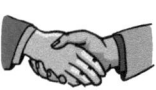

helo
您好

penterjemah
翻译员

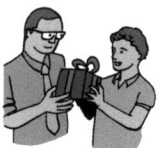

Terima kasih
谢谢

berapa banyak...?

......多少钱？

saya tidak faham

我不明白

masalah

问题

Selamat petang!

晚上好！

Selamat Pagi!

早上好！

Selamat Malam!

晚安！

selamat tinggal

再见

arah

方向

bagasi

行李

beg

包

beg galas

双肩包

tetamu

客人

bilik tidur

房间

beg tidur

睡袋

khemah

帐篷

maklumat pelancong

旅游信息

pantai

海滩

kad kredit

信用卡

sarapan

早餐

makan tengah hari

午餐

makan malam

晚餐

tiket

票

lif

电梯

setem

邮票

sempadan

边界

kastam

海关

kedutaan

大使馆

visa

签证

pasport

护照

kapal terbang
飞机

kapal
船

kereta bomba
消防车

bas
公交车

trak
卡车

motobot
汽艇

basikal
自行车

kereta
汽车

feri

摆渡船

bot

小船

motosikal

摩托车

kereta polis

警车

kereta lumba

赛车

kereta sewa

租车

berkongsi kereta

拼车

trak tunda

拖车

trak menolak

垃圾车

motor

发动机

bahan api

汽油

stesen minyak

加油站

tanda trafik

交通标志

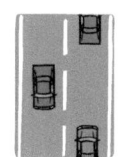

trafik

交通

kesesakan lalu lintas

交通堵塞

tempat parkir

停车场

stesen kereta api

火车站

trek

轨道

kereta api

火车

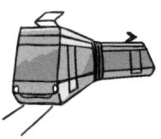

trem

电车

gerabak

货车

helikopter

直升机

lapangan terbang

机场

Menara

塔

penumpang

乘客

bekas

集装箱

kadbod

纸板箱

kart

手推车

bakul

篮子

berlepas / mendarat

起飞/降落

bandar

城市

kampung

村庄

pusat bandar

市中心

rumah

房子

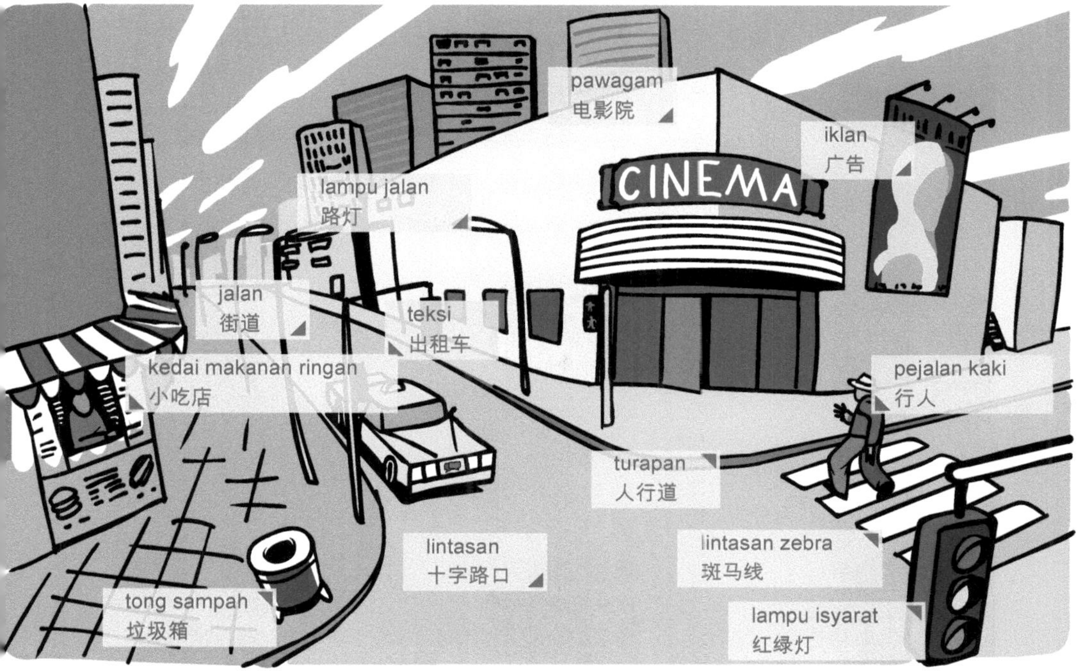

pawagam
电影院
iklan
广告
CINEMA
lampu jalan
路灯
jalan
街道
teksi
出租车
kedai makanan ringan
小吃店
pejalan kaki
行人
turapan
人行道
lintasan
十字路口
lintasan zebra
斑马线
tong sampah
垃圾箱
lampu isyarat
红绿灯

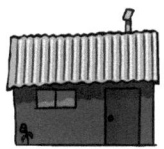

pondok

小屋

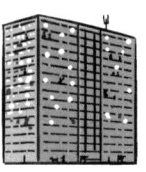

flat

公寓

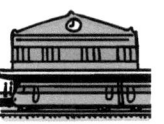

stesen kereta api

火车站

dewan bandar

市政厅

MUSEUM

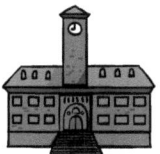

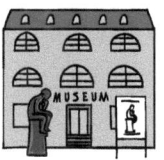

muzium

博物馆

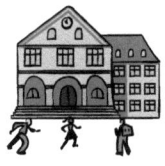

sekolah

学校

universiti
大学

bank
银行

hospital
医院

hotel
酒店

farmasi
药房

pejabat
办公室

kedai buku
书店

kedai
商店

kedai bunga
花店

pasar raya
超市

pasaran
市场

gedung
百货商店

penjual ikan
鱼店

pusat membeli-belah
购物中心

pelabuhan
海港

taman

公园

bangku

长凳

jambatan

桥

tangga

楼梯

bawah tanah

地铁

terowong

隧道

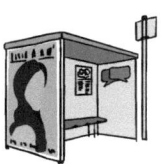

hentian bas

公交车站

bar

酒吧

restoran

餐馆

peti surat

邮筒

papan tanda jalan

路标

meter parkir

停车计时器

zoo

动物园

kolam renang

游泳馆

masjid

清真寺

ladang

农场

pencemaran

污染

tanah perkuburan

墓地

gereja

教堂

taman permainan

操场

kuil

寺庙

landskap

地形

daun
树叶

tiang tanda
指示牌

jalan
路

padang rumput
草地

batu
石头

pejalan kaki
徒步旅行者

pokok
树

sungai
河

rumput
草

bunga
花

lembah

峡谷

bukit

山

tasik

湖

hutan

森林

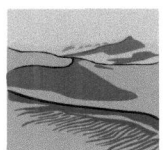

padang pasir

沙漠

gunung berapi

火山

istana

城堡

pelangi

彩虹

cendawan

蘑菇

pokok kelapa sawit

棕榈树

nyamuk

蚊子

terbang

苍蝇

semut

蚂蚁

lebah

蜜蜂

labah-labah

蜘蛛

kumbang

甲虫

katak

青蛙

tupai

松鼠

landak

刺猬

arnab

野兔

burung hantu

猫头鹰

burung

鸟

angsa

天鹅

babi jantan

野猪

rusa

鹿

moose

麋鹿

empangan

水坝

turbin angin

风力发电机

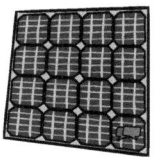

panel solar

太阳能电池板

iklim

气候

restoran

餐馆

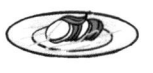

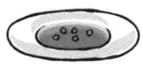

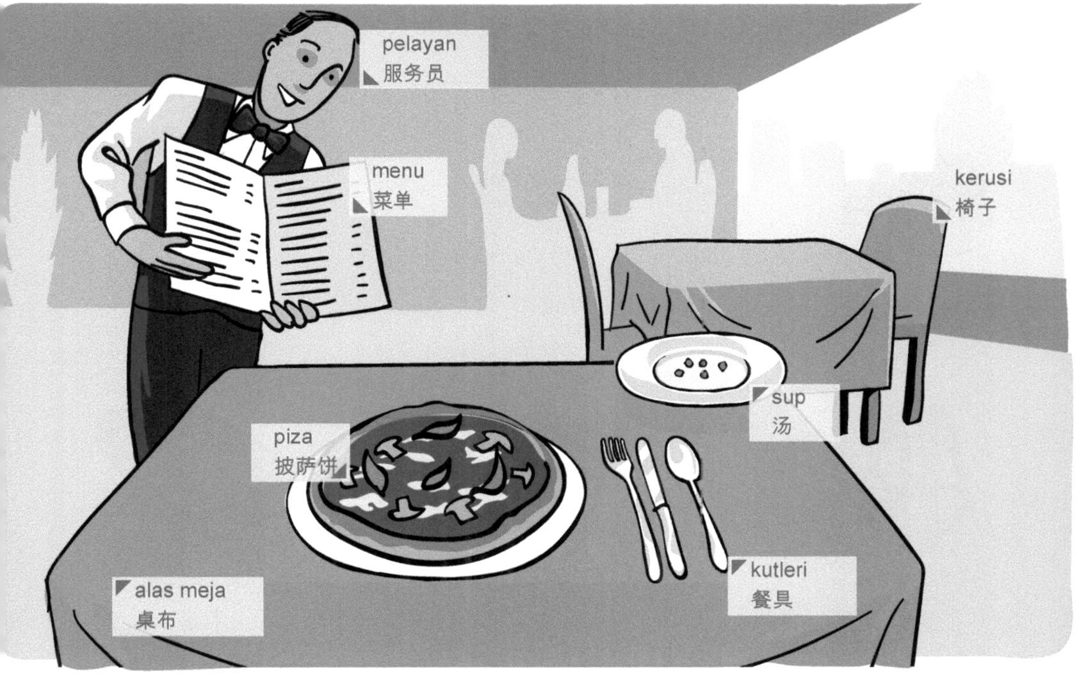
pelayan
服务员
menu
菜单
kerusi
椅子
sup
汤
piza
披萨饼
kutleri
餐具
alas meja
桌布

pemula

前菜

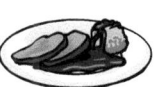

hidangan utama

主菜

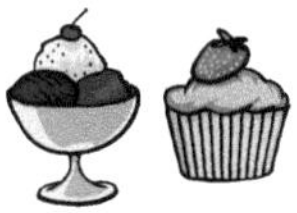

pencuci mulut

甜点

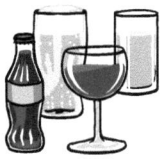

minuman

饮料

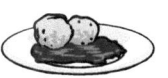

makanan

食物

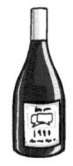

botol

瓶子

makanan segera

快餐

makanan jalanan

街边小吃

teko

茶壶

mangkuk gula

糖盒

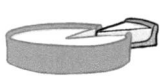

bahagian

一份饭菜

mesin espreso

意式咖啡机

kerusi tinggi

高脚椅

bil

账单

dulang

托盘

pisau

刀

garfu

餐叉

sudu

勺子

sudu teh

茶匙

serviette

餐巾

gelas

玻璃杯

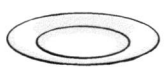

pinggan

碟子

mangkuk sup

汤盘

piring

碟子

sos

酱

tempat garam

盐瓶

pengisar lada

胡椒磨

cuka

醋

minyak

食用油

rempah

调味料

sos

番茄酱

mustard

芥末

mayones

蛋黄酱

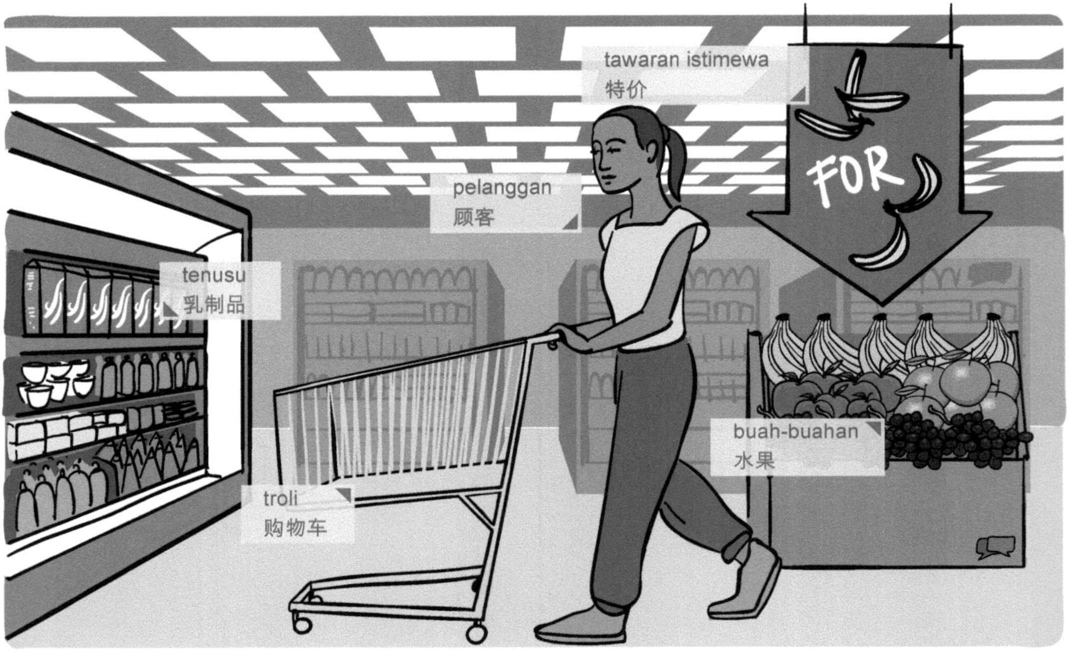

tawaran istimewa
特价
FOR
pelanggan
顾客
tenusu
乳制品
buah-buahan
水果
troli
购物车

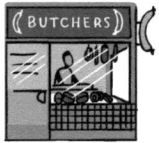

BUTCHERS

tukang daging

肉铺

BAKERY

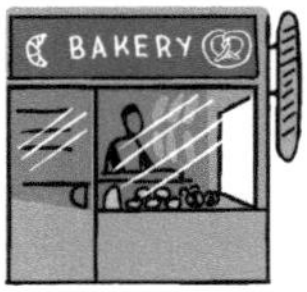

kedai roti

面包房

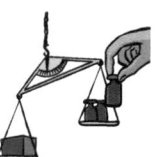

berat

称重

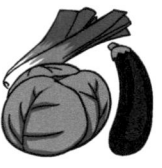

sayur-sayuran

蔬菜

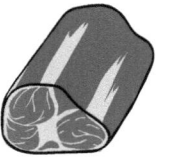

daging

肉

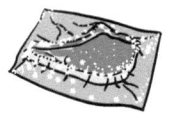

makanan sejuk beku

冷冻食品

daging sejuk

冷盘

makanan dalam tin

罐头食品

serbuk pencuci

洗衣粉

gula-gula

甜食

produk isi rumah

日用品

produk pembersihan

清洁用品

orang jualan

销售員

daftar tunai

收银机

juruwang

收银员

senarai membeli-belah

购物清单

waktu pembukaan

开放时间

beg duit

钱包

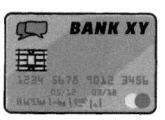

kad kredit

信用卡

beg

袋子

beg plastik

塑料袋

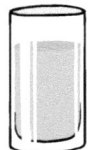

air

水

jus

果汁

susu

牛奶

kola

可乐

wain

红酒

bir

啤酒

alkohol

酒

koko

可可

the

茶

kopi

咖啡

espreso

意式浓缩咖啡

kapucino

卡布奇诺

pisang

香蕉

epal

苹果

oren

橙子

tembikai

西瓜

lemon

柠檬

lobak merah

胡萝卜

bawang putih

大蒜

buluh

竹子

bawang

洋葱

cendawan

蘑菇

kacang

坚果

mi

面条

spageti

意大利面条

nasi

米饭

salad

沙拉

kerepek

薯条

kentang goreng

炸土豆

piza

披萨饼

hamburger

汉堡包

sandwic

三明治

kutlet

炸猪排

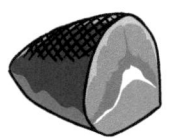

ham

火腿

salami

萨拉米

sosej

香肠

ayam

鸡肉

panggang

烤肉

ikan

鱼

bubur oat

燕麦片

muesli

穆兹利

emping jagung

玉米片

tepung

面粉

kroisan

羊角面包

roti roll

面包卷

roti

面包

roti bakar

烤面包

biskut

饼干

mentega

黄油

dadih

凝乳

kek

蛋糕

telur

蛋

telur goreng

煎蛋

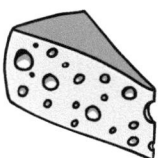

keju

奶酪

ais krim

冰激凌

gula

糖

madu

蜂蜜

jem

果酱

krim nougat

巧克力酱

kari

咖喱饭

ladang
农场

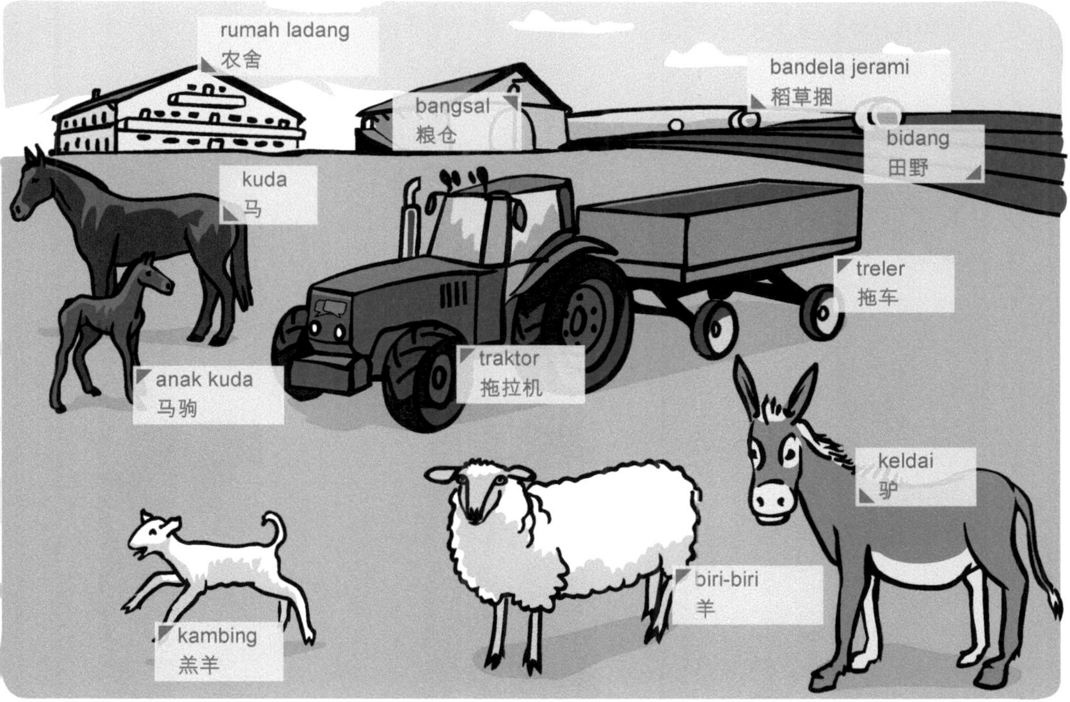
rumah ladang
农舍
bangsal
粮仓
bandela jerami
稻草捆
bidang
田野
kuda
马
treler
拖车
traktor
拖拉机
anak kuda
马驹
keldai
驴
biri-biri
羊
kambing
羔羊

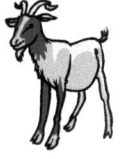

kambing

山羊

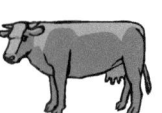

lembu

奶牛

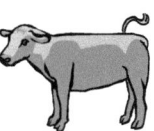

anak lembu

牛犊

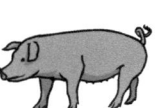

babi

猪

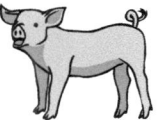

anak babi

小猪

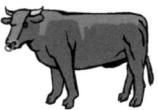

lembu

公牛

angsa

鹅

itik

鸭

anak ayam

小鸡

ayam betina

母鸡

ayam jantan muda

公鸡

tikus

鼠

kucing

猫

tikus

老鼠

lembu jantan

牛

anjing

狗

rumah anjing

狗屋

hos taman

花园浇水软管

bekas siraman

洒水壶

sabit

长柄大镰刀

bajak

犁

sabit

镰刀

cangkul

锄头

serampang peladang

长柄草耙

kapak

斧头

kereta sorong

独轮手推车

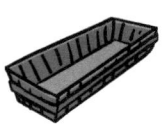

palung

饲料槽

tin susu

牛奶罐

karung

麻布袋

pagar

栅栏

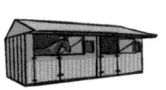

stabil

马厩

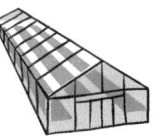

rumah hijau

温室

tanah

土壤

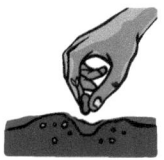

benih

种子

baja

肥料

jentuai

联合收割机

tuai

收割

menuai

收割

keladi

山药

gandum

小麦

soya

大豆

kentang

土豆

jagung

玉米

biji sawi

油菜籽

pokok buah-buahan

果树

ubi kayu

树薯

bijirin

谷物

rumah
房子

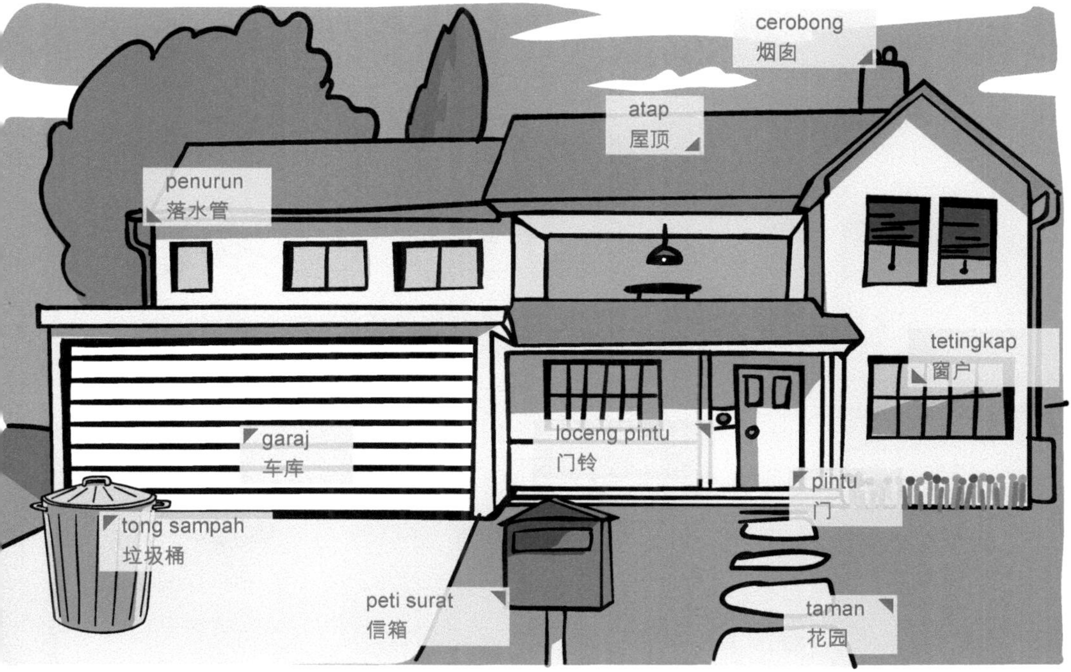
cerobong
烟囱
atap
屋顶
penurun
落水管
tetingkap
窗户
garaj
车库
loceng pintu
门铃
pintu
门
tong sampah
垃圾桶
peti surat
信箱
taman
花园

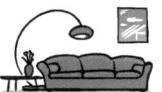

ruang tamu

客厅

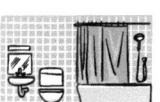

bilik air

浴室

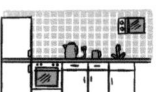

dapur

厨房

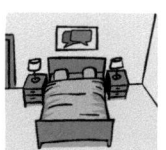

bilik tidur

卧室

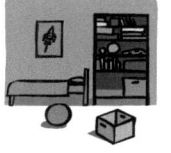

bilik kanak-kanak

儿童房

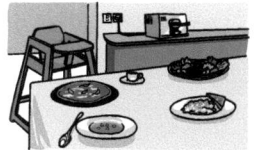

ruang makan

餐厅

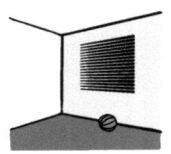

lantai

地板

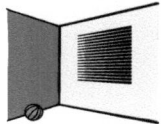

dinding

墙壁

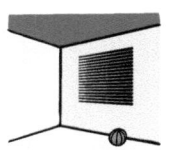

siling

吊顶

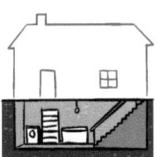

bilik bawah tanah

地窖

sauna

桑拿

balkoni

阳台

teres

露台

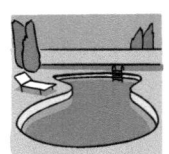

kolam renang

游泳池

pemotong rumput

割草机

lembaran

被单

penutup tilam

床罩

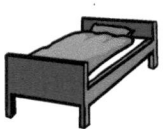

katil

床

penyapu

扫帚

timba

水桶

suis

开关

ruang tamu

客厅

kertas dinding
壁纸
gambar
照片
lampu
台灯
rak
搁架
kabinet
橱柜
televisyen
电视机
pendiangan
壁炉
bunga
花
kusyen
垫子
sofa
沙发
pasu
花瓶
a at kawalan jauh
遥控器

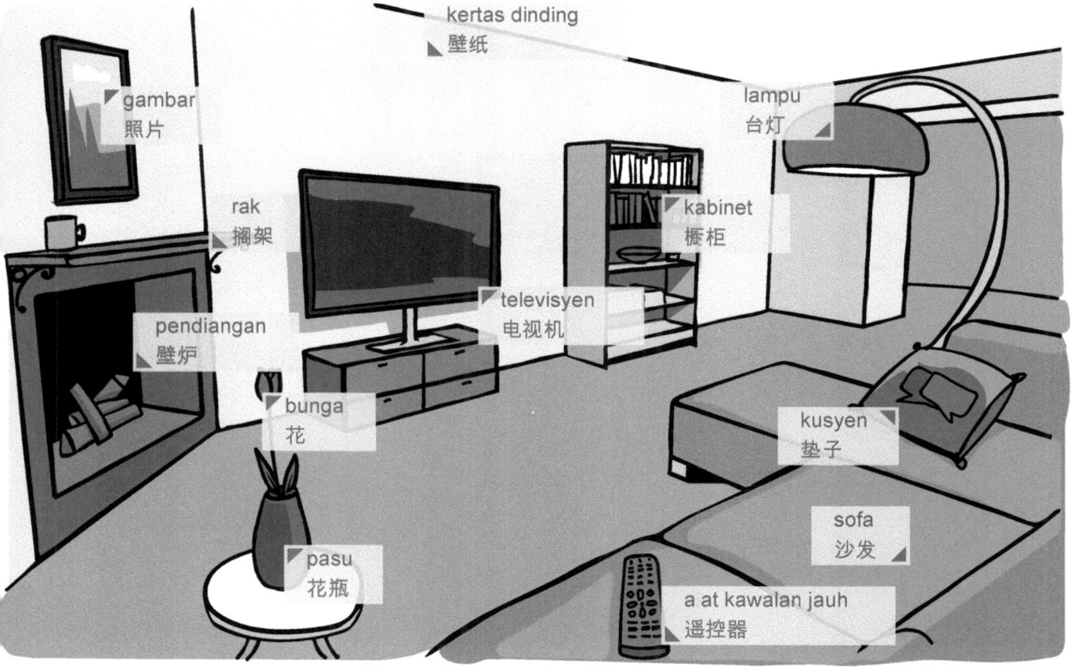

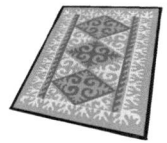

permaidani

地毯

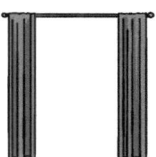

tirai

窗帘

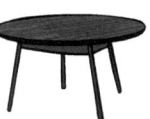

meja

餐桌

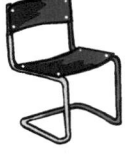

kerusi

椅子

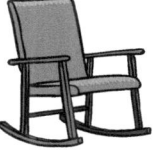

kerusi malas

摇椅

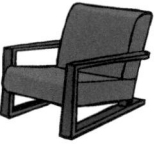

kerusi

扶手椅

buku

书

selimut

毯子

hiasan

装饰品

kayu api

木柴

filem

电影

hi-fi

高保真音响

kunci

钥匙

akhbar

报纸

lukisan

油画

poster

海报

radio

收音机

buku catatan

笔记本

penyedut habuk

吸尘器

kaktus

仙人掌

lilin

蜡烛

dapur

厨房

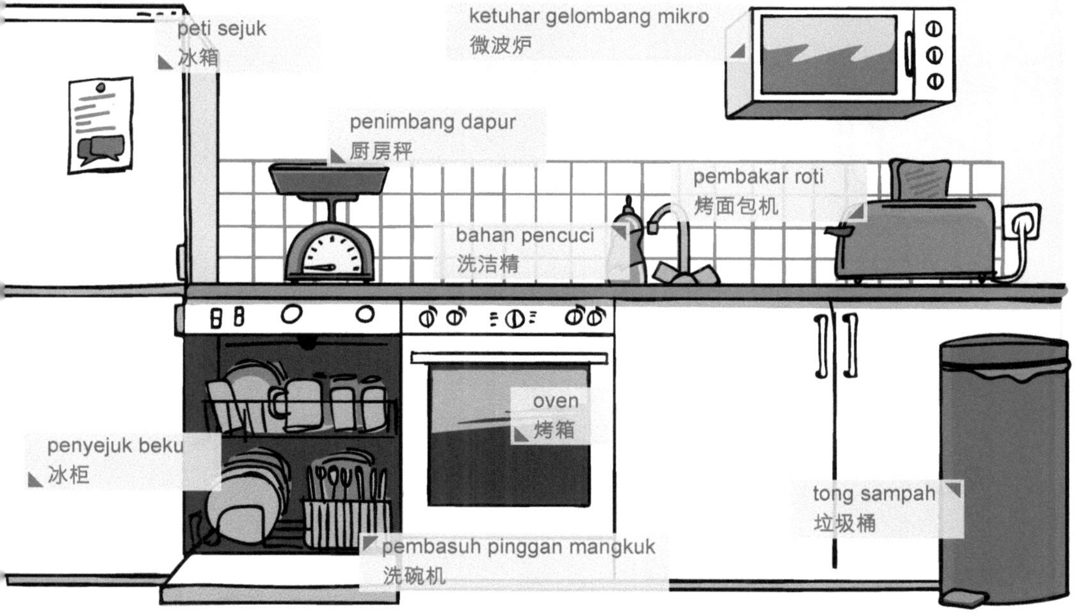
peti sejuk
冰箱
ketuhar gelombang mikro
微波炉
penimbang dapur
厨房秤
pembakar roti
烤面包机
bahan pencuci
洗洁精
oven
烤箱
penyejuk beku
冰柜
tong sampah
垃圾桶
pembasuh pinggan mangkuk
洗碗机

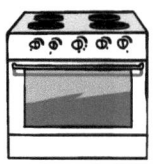

periuk dapur

炊具

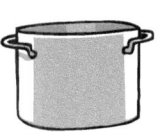

periuk

锅

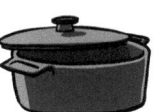

periuk besi

铸铁锅

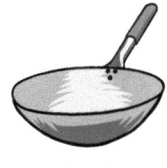

kuali

炒锅

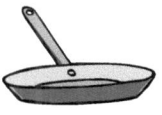

pan

平底锅

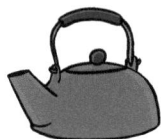

cerek

水壶

pengukus

蒸锅

dulang pembakar

烤盘

pinggan mangkuk

陶瓷锅

koleh

马克杯

mangkuk

碗

penyepit

筷子

senduk

长柄勺

spatula

铲子

pengadun

搅拌器

penapis

滤网

ayak

筛子

pemarut

磨碎机

mortar

研钵

barbeku

烧烤

pembakaran terbuka

明火

papan pencincang

菜板

pin golekan

擀面杖

skru gabus

开瓶器

tin

罐子

pembuka tin

开罐器

pemegang periuk

隔热手套

sinki

水槽

berus

刷子

span

海绵

pengisar

搅拌机

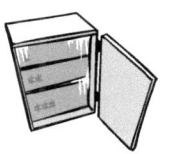

penyejuk beku

冷藏箱

botol bayi

奶瓶

paip

水龙头

bilik air

浴室

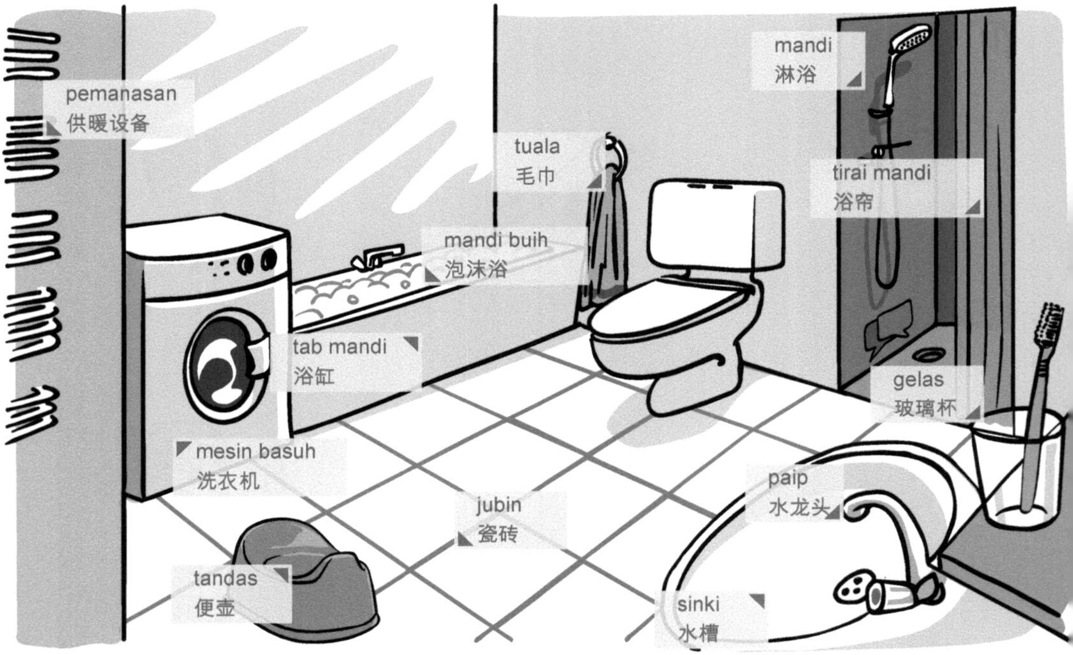

pemanasan
供暖设备
tuala
毛巾
mandi
淋浴
tirai mandi
浴帘
mandi buih
泡沫浴
tab mandi
浴缸
gelas
玻璃杯
mesin basuh
洗衣机
paip
水龙头
jubin
瓷砖
tandas
便壶
sinki
水槽

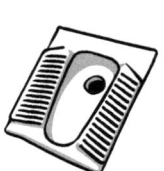

tandas
厕所

tandas mencangkung
蹲便器

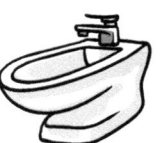

mangkuk tandas
坐浴器

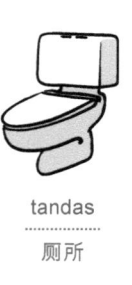

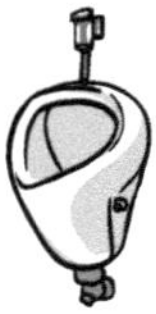

tandas awam
小便池

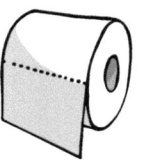

kertas tandas
厕纸

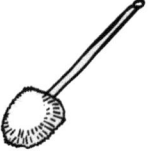

berus tandas
马桶刷

berus gigi

牙刷

ubat gigi

牙膏

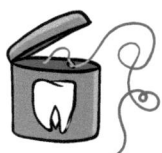

flos gigi

牙线

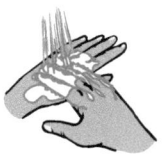

cuci

洗

mandian tangan

手持式喷淋头

pancuran

冲洗器

besen

洗脸盆

belakang berus

擦背刷

sabun

肥皂

gel mandian

沐浴露

syampu

洗发水

flanel

法兰绒

longkang

排水

krim

乳霜

deodoran

除臭剂

cermin

镜子

cermin tangan

手镜

pisau cukur

剃须刀

busa cukur

剃须泡沫

selepas cukur

须后水

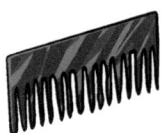

sikat

梳子

berus

刷子

pengering rambut

吹风机

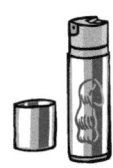

semburan rambut

喷发定型剂

mekap

化妆品

gincu

唇膏

varnis kuku

指甲油

bulu kapas

化妆棉

gunting kuku

指甲剪

pewangi

香水

beg basuhan

洗漱包

bangku

凳子

skala berat

计重秤

jubah mandi

浴袍

sarung tangan getah

橡胶手套

kapas

卫生棉条

tuala wanita

卫生巾

tandas kimia

化学厕所

bilik kanak-kanak

儿童房

jam loceng
闹钟
mainan kegemaran
毛绒玩具
kereta mainan
玩具车
kerincing bayi
拨浪鼓
rumah anak patung
玩具屋
hadiah
礼物

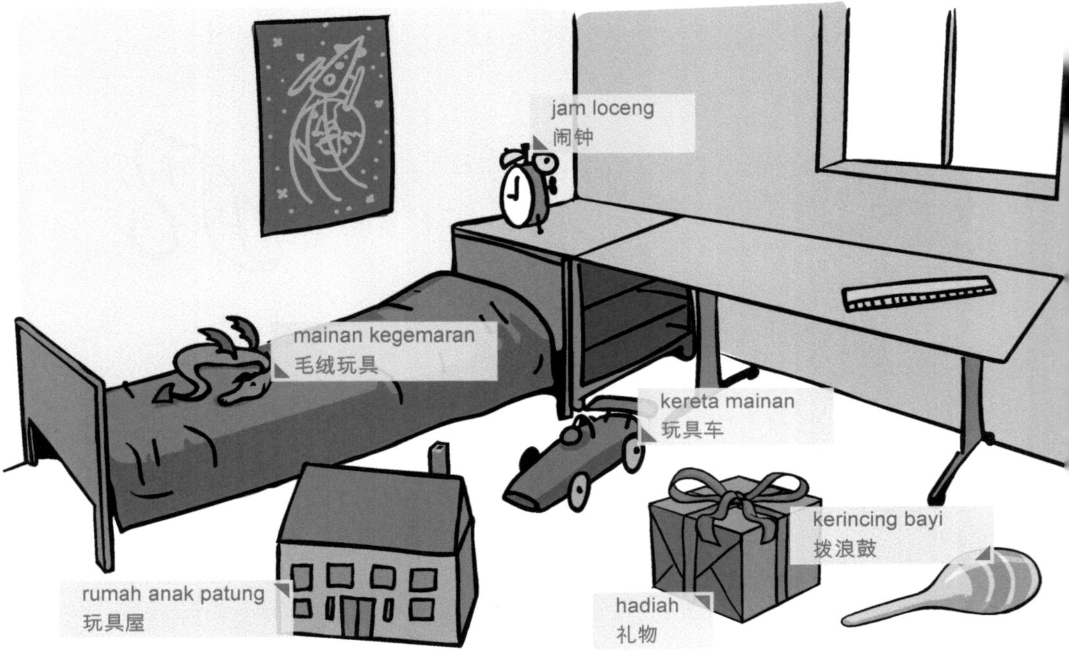

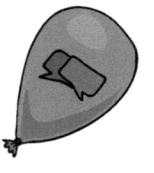

belon

气球

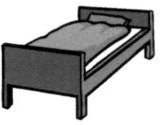

katil

床

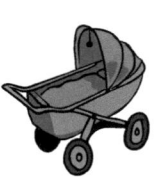

kereta sorong bayi

（洋娃娃用）婴儿车

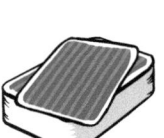

set kad

扑克牌

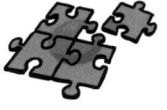

susun suai gambar

拼图

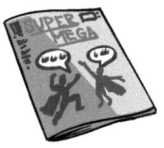

komik

漫画

batu bata lego

乐高积木

blok mainan

积木玩具

figura aksi

玩具人

baju bayi

婴儿服

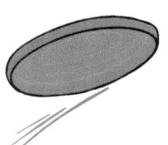

frisbee

飞盘

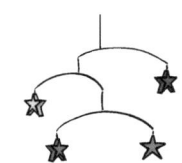

mainan bayi mudah alih

床铃玩具

permainan papan

棋盘游戏

dadu

骰子

set model kereta api

火车模型

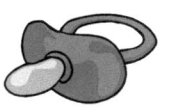

palsu

安抚奶嘴

parti

聚会

buku bergambar

绘本

bola

球

anak patung

洋娃娃

main

玩

lubang pasir

沙坑

buai

秋千

mainan

玩具

konsol permainan video

游戏机

basikal roda tiga

三轮车

anak patung beruang

泰迪熊

almari pakaian

衣柜

pakaian

衣服

stoking

袜子

stoking

长袜

ketat

紧身裤

skarf
围巾

payung
雨伞

kemeja-t
T恤

g/keselamatan

but
靴子

selipar
拖鞋

kasut sukan
运动鞋

sandal

凉鞋

kasut

鞋

but getah

雨靴

seluar dalam

内裤

coli

胸罩

ves

背心

badan

身体

Seluar panjang

裤子

jean

牛仔裤

skirt

短裙

blaus

女式衬衫

kemeja

衬衫

baju panas sarung

套头衫

sweater

卫衣

blazer

西装夹克

jaket

夹克

kot

外套

baju hujan

雨衣

kostum

套装

pakaian

连衣裙

baju pengantin

婚纱

sut

西装

baju tidur

睡袍

baju tidur

睡衣

sari

莎丽

skarf kepala

头巾

serban

包头巾

burqa

波卡

kaftan

卡夫坦

abaya/jubah

(阿拉伯式)长袍

baju renang

泳衣

seluar renang

男式泳裤

seluar pendek

短裤

sut balapan

运动服

apron

围裙

sarung tangan

手套

butang

纽扣

cermin mata

眼镜

gelang tangan

手链

rantai leher

项链

cincin

戒指

subang

耳环

topi

便帽

penyangkut kot

衣架

topi

帽子

tali leher

领带

zip

拉链

topi keledar

头盔

pendakap

背带

uniform sekolah

校服

seragam

制服

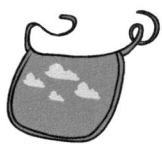

lapik dada

围兜

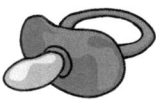

palsu

安抚奶嘴

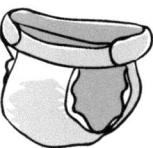

lampin

尿不湿

pejabat
办公室

pelayan
服务器
kabinet fail
文件柜
mesin pencetak
打印机
kertas
纸
monitor
显示屏
meja
办公桌
tetikus
鼠标
folder
文件夹
papan kekunci
键盘
bakul sampah
废纸篓
kerusi
椅子
komputer
电脑

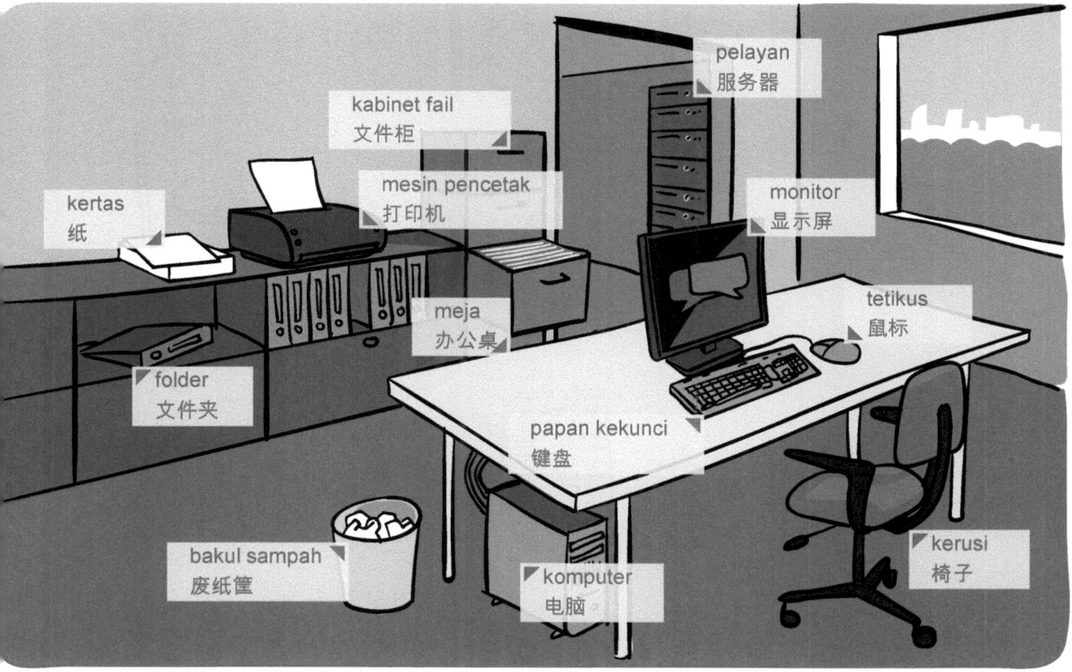

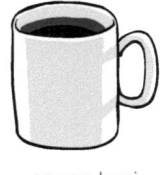

cawan kopi

咖啡杯

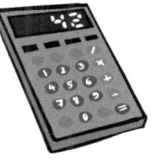

kalkulator

计算器

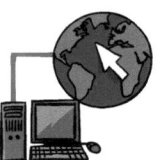

internet

因特网

komputer riba

笔记本电脑

surat

信件

mesej

消息

mudah alih

手机

rangkaian

网络

mesin fotokopi

复印机

perisian

软件

telefon

电话

soket plag

插座

mesin faks

传真机

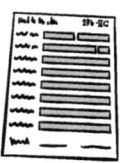

bentuk

表格

dokumen

文件

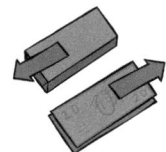

beli

买

bayar

付钱

berdagang

交易

wang

现金

dolar

美元

euro

欧元

yen

日元

rubel

卢布

franc swiss

瑞士法郎

renminbi yuan

人民币

rupee

卢比

mata tunai

提款处

pejabat tukaran mata wang

外币兑换处

emas

金

perak

银

minyak

石油

tenaga

能源

harga

价格

kontrak

合同

cukai

税金

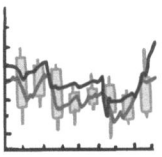

stok

股票

kerja

工作

pekerja

职员

majikan

老板

kilang

工厂

kedai

商店

pegawai polis
警官

ahli bomba
消防员

tukang masak
厨师

doktor
医生

juruterbang
飞行员

tukang kebun

园丁

tukang kayu

木匠

tukang jahit

裁缝

hakim

法官

ahli kimia

化学家

pelakon

演员

pemandu bas

公交车司机

pemandu teksi

出租车司机

nelayan

渔夫

wanita pencuci

清洁女工

kasau

屋顶工

pelayan

服务员

pemburu

猎人

pelukis

画家

bakeri

面包师

juruelektrik

电工

pembangun

建筑工人

jurutera

工程师

penjual daging

屠夫

tukang paip

水管工

posmen

邮递员

askar

士兵

arkitek

建筑师

juruwang

收银员

kedai bunga

花农

pendandan rambut

理发师

konduktor

售票员

mekanik

机械师

kapten

船长

doktor gigi

牙医

ahli sains

科学家

tuhanku

拉比

imam

伊玛目

sami

和尚

paderi

牧师

alat
工具

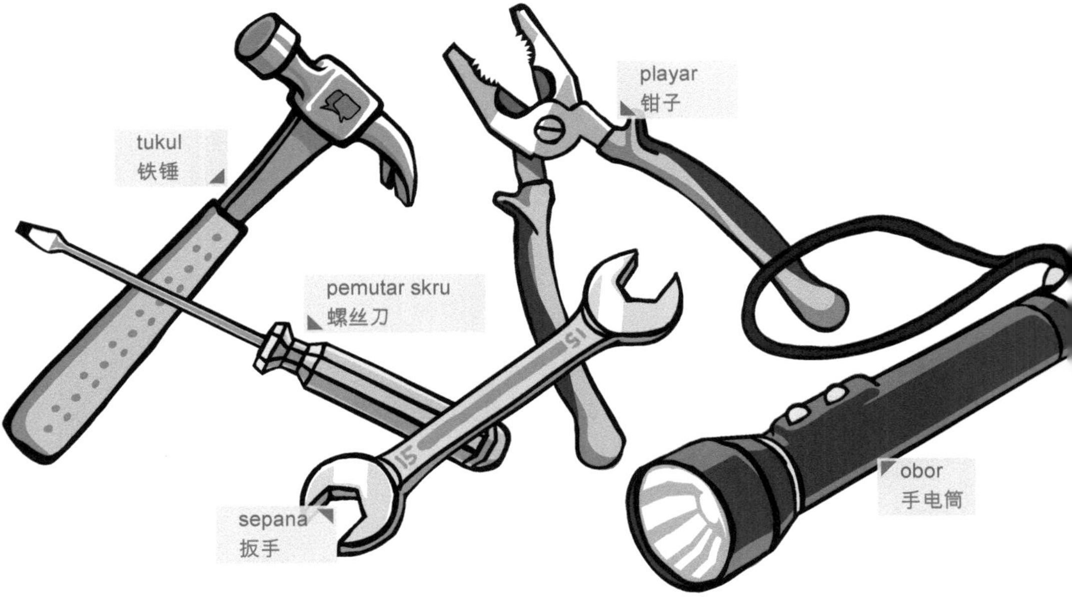
tukul
铁锤
playar
钳子
pemutar skru
螺丝刀
sepana
扳手
obor
手电筒

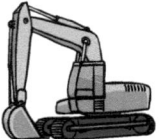

pengorek

挖掘机

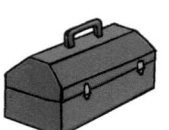

kotak peralatan

工具箱

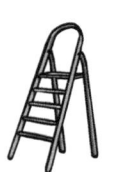

tangga

梯子

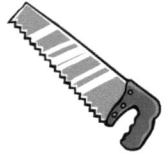

gergaji

锯子

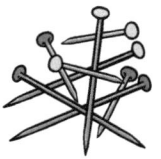

kuku

钉子

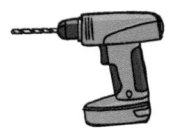

gerudi

钻机

baiki

修

penyodok

铲子

Celaka!

靠！

penadah sampah

簸箕

periuk cat

油漆桶

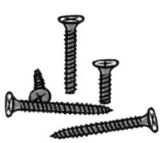

skru

螺丝

alat muzik
乐器

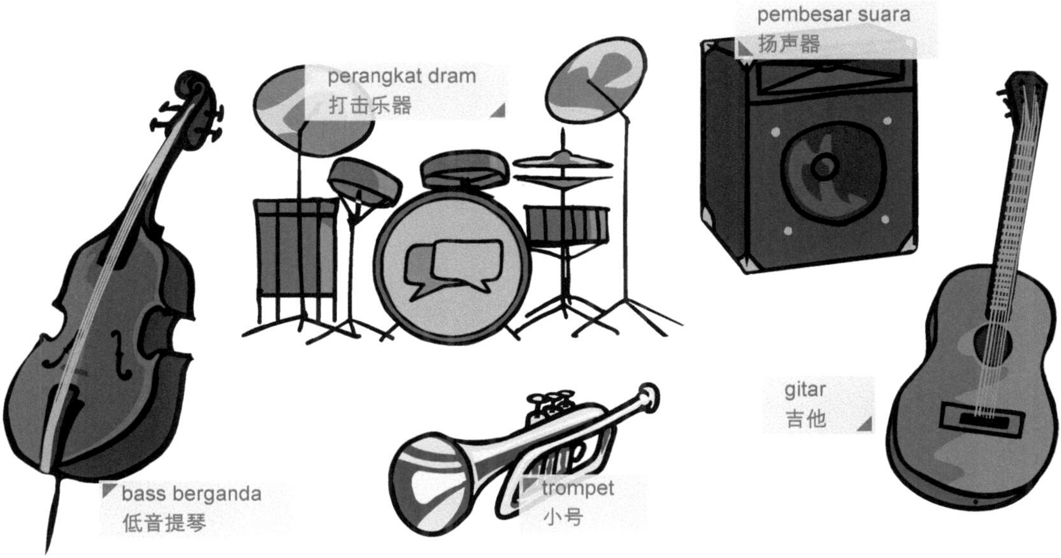

pembesar suara
扬声器

perangkat dram
打击乐器

bass berganda
低音提琴

trompet
小号

gitar
吉他

piano

钢琴

biola

小提琴

bass

贝斯

timpani

定音鼓

dram

鼓

papan kekunci

电子琴

saksofon

萨克斯管

seruling

长笛

mikrofon

麦克风

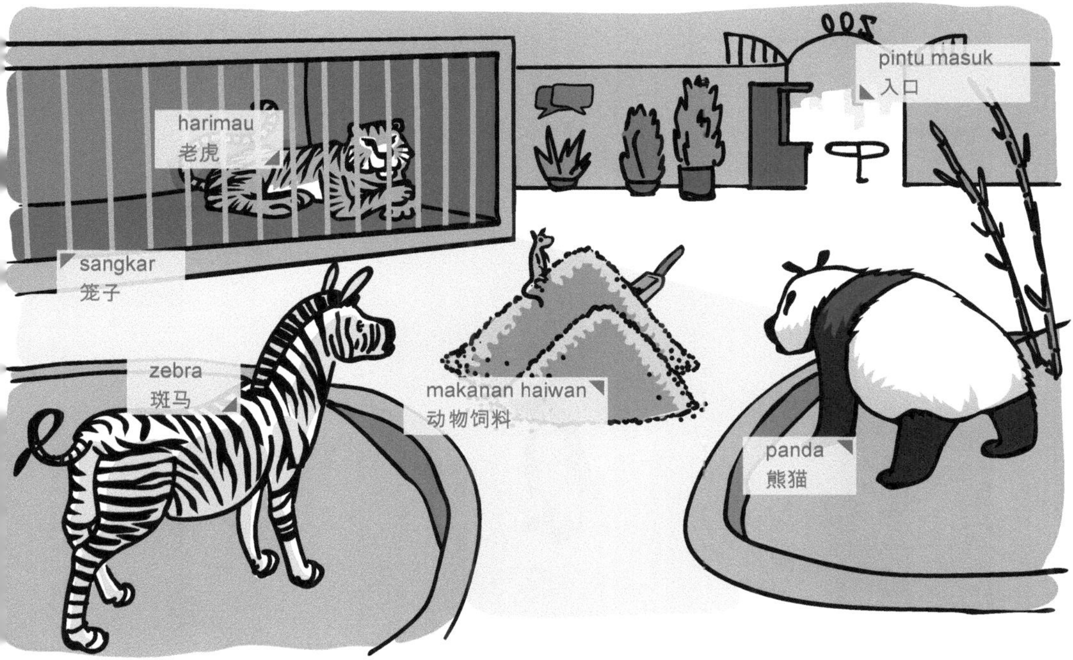

harimau
老虎

pintu masuk
入口

sangkar
笼子

zebra
斑马

makanan haiwan
动物饲料

panda
熊猫

haiwan

动物

gajah

大象

kanggaru

袋鼠

badak sumbu

犀牛

gorila

大猩猩

beruang

熊

unta

骆驼

burung unta

鸵鸟

singa

狮子

monyet

猴子

flamingo

火烈鸟

nuri

鹦鹉

beruang kutub

北极熊

penguin

企鹅

yu

鲨鱼

merak

孔雀

ular

蛇

buaya

鳄鱼

penjaga zoo

动物园管理员

anjing laut

海豹

jaguar

美洲豹

kuda

矮种马

harimau

豹

badak air

河马

zirafah

长颈鹿

helang

老鹰

babi jantan

野猪

ikan

鱼

penyu

龟

anjing laut

海象

musang

狐狸

rusa

羚羊

bola sepak Amerika
橄榄球

berbasikal
骑自行车

tenis
网球

bola keranjang
篮球

renang
游泳

tinju
拳击

hoki ais
冰球

bola sepak
英式足球

badminton
羽毛球

olahraga
田径

bola baling
手球

ski
滑雪

polo
马球

lompat
跳

peluk
拥抱

ketawa
笑

berjalan
走路

menyanyi
唱

mimpi
做梦

berdoa
祈祷

cium
亲吻

tulis
书写

lukis
画

tunjuk
展示

tolak
推

beri
给

ambil
拿

ada

有

buat

做

ialah

当

berdiri

站

lari

跑

tarik

拉

buang

扔

jatuh

摔倒

tipu

躺

tunggu

等待

bawa

携带

duduk

坐

pakai

穿衣

tidur

睡觉

bangkit

醒来

lihat pada

看

menangis

哭

strok

抚摸

sikat

梳头

cakap

交谈

faham

明白

tanya

问

dengar

听

minum

喝

makan

吃

mengemas

清理

sayang

爱

masak

做饭

pandu

开车

terbang

飞

belayar

航行

kira

计算

baca

读

belajar

学习

kerja

工作

nikah

结婚

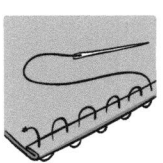

jahit

缝

memberus gigi

刷牙

bunuh

杀

asap

抽烟

hantar

寄

nenek
祖母

datuk
祖父

bapa
父亲

ibu
母亲

bayi
婴童

anak perempuan
女儿

anak lelaki
儿子

tetamu

客人

mak cik

阿姨

pak cik

叔叔

abang

兄弟

kakak

姐妹

dahi
前额

mata
眼睛

muka
脸

dada
乳房

dagu
下巴

jari
手指

tangan
手

lengan
手臂

bahu
肩膀

kaki
腿

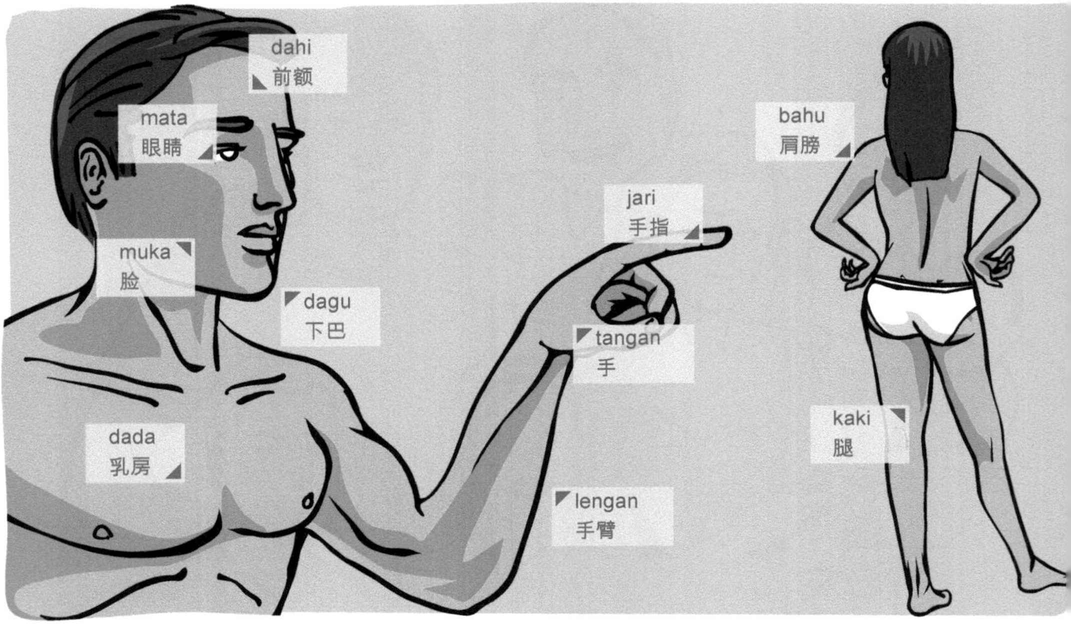

bayi

婴童

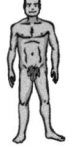

lelaki

男人

wanita

女人

perempuan

女孩

lelaki

男孩

kepala

头

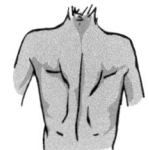

belakang

背部

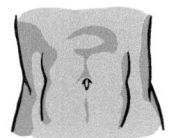

bawah perut

肚子

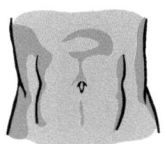

pusat

肚脐

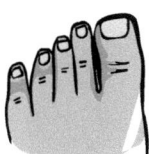

jari kaki

脚趾

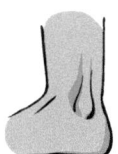

tumit

脚后跟

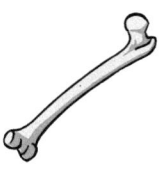

tulang

骨头

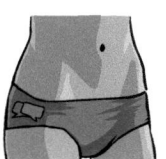

pinggul

臀部

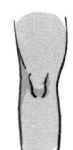

lutut

膝盖

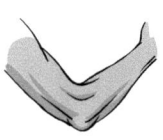

siku

手肘

hidung

鼻子

bawah

屁股

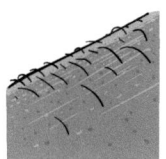

kulit

皮肤

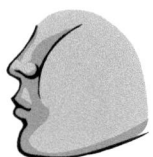

pipi

脸颊

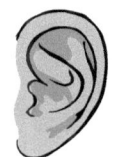

telinga

耳朵

bibir

嘴唇

badan - 身体

mulut

嘴

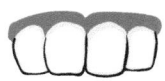

gigi

牙齿

lidah

舌头

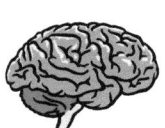

otak

脑

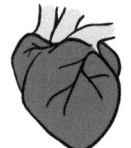

hati

心脏

otot

肌肉

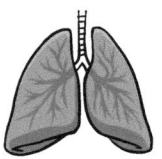

paru-paru

肺

hati

肝脏

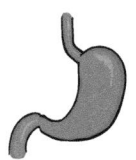

perut

胃

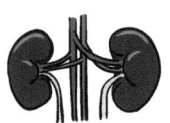

buah pinggang

肾脏

seks

性交

kondom

避孕套

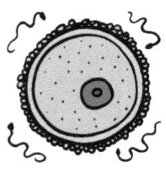

faraj

卵子

mani

精子

mengandung

怀孕

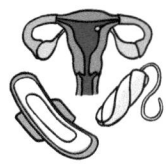

haid

月经

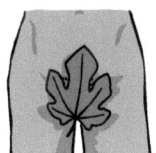

faraj

阴道

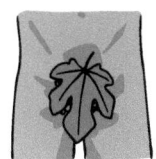

penis

阴茎

kening

眉毛

rambut

头发

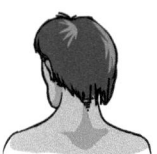

leher

脖子

hospital

医院

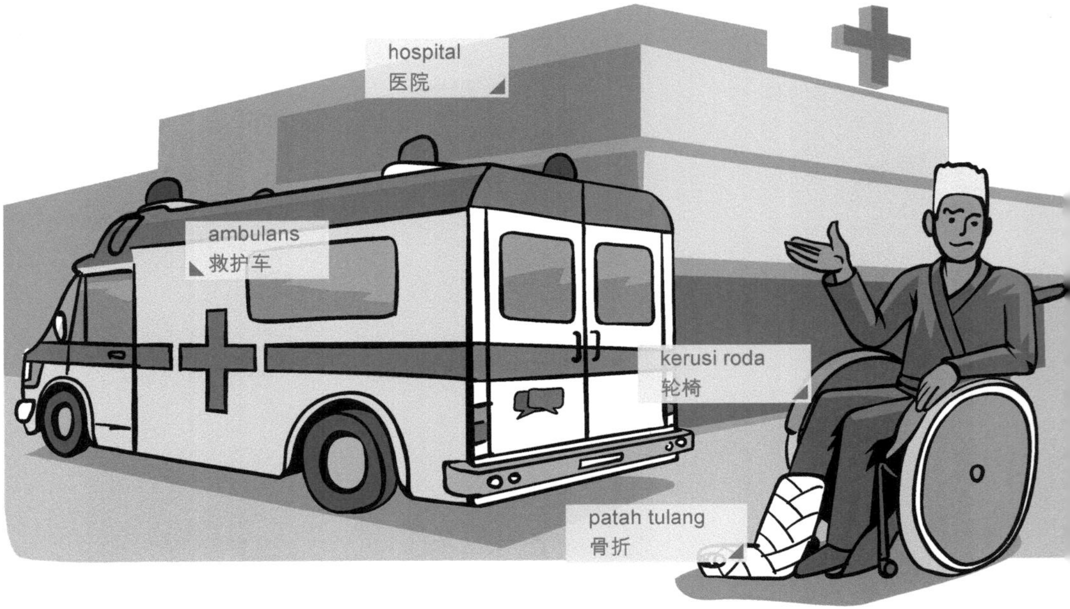

hospital
医院
ambulans
救护车
kerusi roda
轮椅
patah tulang
骨折

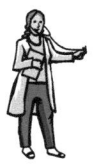

doktor

医生

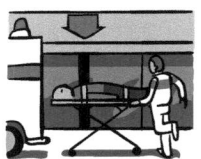

bilik kecemasan

急诊室

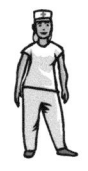

jururawat

护士

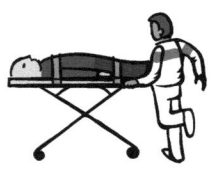

kecemasan

紧急情况

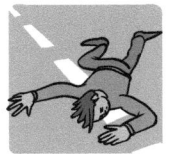

tak sedar

昏迷

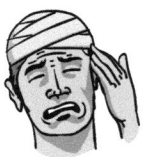

sakit

痛

kecederaan

受伤

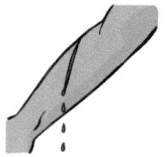

pendarahan

出血

serangan jantung

心脏病发作

strok

中风

alergi

过敏

batuk

咳嗽

demam

发烧

selesema

流感

cirit-birit

腹泻

sakit kepala

头痛

kanser

癌症

diabetes

糖尿病

pakar bedah

外科医生

pisau bedah

手术刀

pembedahan

手术

CT

CT

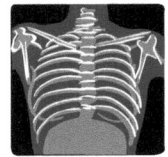

x-ray

X光

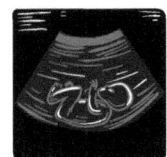

ultrabunyi

超声波

topeng muka

口罩

penyakit

疾病

bilik menunggu

候诊室

penongkat

拐杖

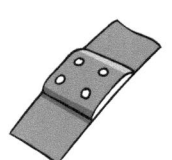

plaster

石膏

pembalut

绷带

suntikan

注射

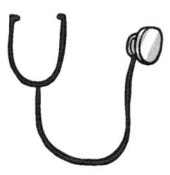

stetoskop

听诊器

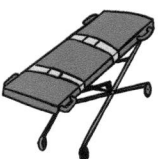

pengusung

担架

termometer klinik

体温计

kelahiran

出生

berat badan berlebihan

超重

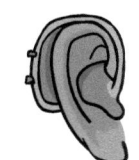

alat pendengaran

助听器

disinfektan

消毒液

jangkitan

感染

virus

病毒

HIV / AIDS

艾滋病

perubatan

药物

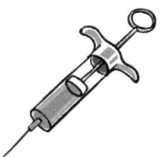

vaksinasi

接种疫苗

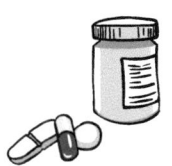

tablet

药片

pil

药丸

panggilan kecemasan

急救电话

pantau tekanan darah

血压计

sakit / sihat

生病/健康

Tolong!

救命！

penggera

警报

serang

突击

serangan

攻击

bahaya

危险

pintu kecemasan

紧急出口

Api!

着火啦！

alat pemadam api

灭火器

kemalangan

意外

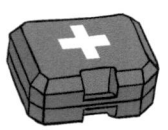

alat pertolongan cemas

急救箱

SOS

呼救信号

polis

警察

Eropah

欧洲

Amerika Utara

北美洲

Amerika Selatan

南美洲

Afrika

非洲

Asia

亚洲

Australia

澳洲

Atlantic

大西洋

Pasifik

太平洋

Lautan Hindi

印度洋

Lautan Antartik

南冰洋

Lautan Artik

北冰洋

Kutub utara

北极

Kutub Selatan

南极

Antartika

南极洲

bumi

地球

tanah

陆地

laut

海

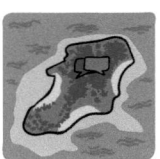

pulau

岛

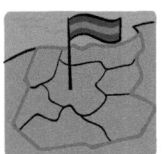

negara

国家

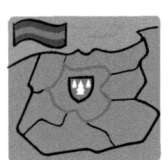

negeri

国家

muka jam

钟面

tangan jam

时针

tangan minit

分针

terpakai

秒针

Jam berapa sekarang

现在几点？

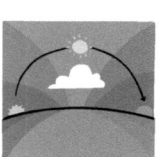

hari

天

masa

时间

sekarang

现在

jam digital

电子表

minit

分

jam

时

minggu
周

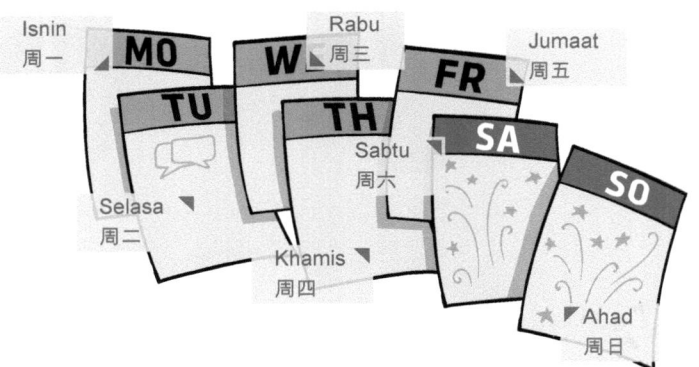

Isnin 周一
Rabu 周三
Jumaat 周五
Selasa 周二
Khamis 周四
Sabtu 周六
Ahad 周日

semalam

昨天

hari ini

今天

esok

明天

pagi

早晨

tengah hari

中午

petang

晚上

MO	TU	WE	TH	FR	SA	SU
1	2	3	4	5	6	7
8	9	10	11	12	13	14
15	16	17	18	19	20	21
22	23	24	25	26	27	28
29	30	31	1	2	3	4

hari kerja

工作日

MO	TU	WE	TH	FR	SA	SU
1	2	3	4	5	6	7
8	9	10	11	12	13	14
15	16	17	18	19	20	21
22	23	24	25	26	27	28
29	30	31	1	2	3	4

hari minggu

周末

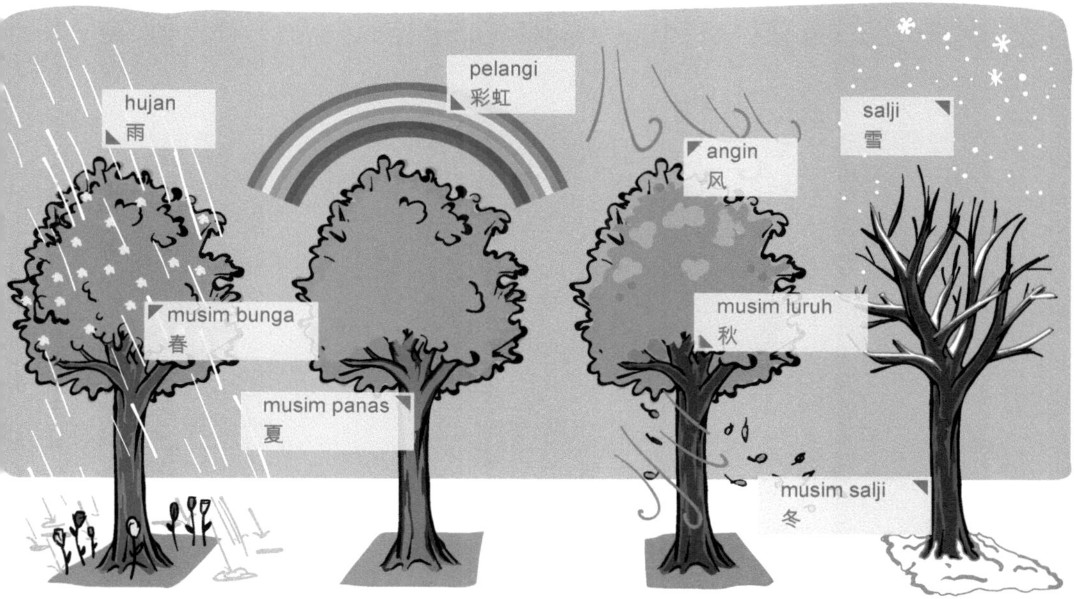

hujan
雨

pelangi
彩虹

angin
风

salji
雪

musim bunga
春

musim panas
夏

musim luruh
秋

musim salji
冬

ramalan cuaca

天气预报

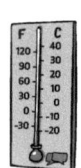

termometer

温度计

sinar matahari

阳光

awan

云

kabus

雾

lembapan

潮湿

kilat

闪电

petir

打雷

ribut

风暴

hujan batu

冰雹

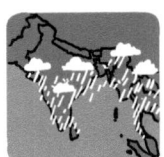

monsun

季风

banjir

洪水

ais

冰

Januari

一月

Februari

二月

Mac

三月

April

四月

Mei

五月

Jun

六月

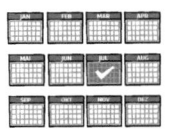

Julai

七月

Ogos

八月

September
....
九月

Oktober
....
十月

November
....
十一月

Disember
....
十二月

bulatan
....
圆形

petak
....
正方形

segi empat tepat
....
长方形

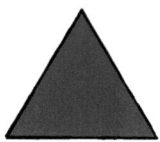

segitiga
....
三角形

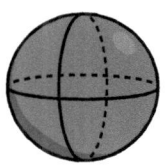

sfera
....
球体

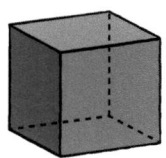

kiub
....
立方体

putih

白

kuning

黄

oren

橙

merah jambu

粉

merah

红

ungu

紫

biru

蓝

hijau

绿

coklat

棕

kelabu

灰

hitam

黑

banyak / sedikit

很多/少许

marah / tenang

生气/平静

cantik / hodoh

美/丑

bermula / tamat

首/尾

besar kecil

大/小

terang / gelap

明/暗

abang / kakak

兄弟/姐妹

bersih / kotor

干净/肮脏

lengkap / tidak lengkap

完整/缺失

hari / malam

白天/晚上

mati / hidup

死/生

luas / sempit

宽/窄

boleh dimakan / tidak boleh dimakan

可食用/非食用

jahat / baik

邪恶/善良

teruja / bosan

兴奋/无聊

gemuk / kurus

胖/瘦

pertama / terakhir

第一/最后

kawan / musuh

朋友/敌人

penuh / kosong

满/空

keras / lembut

硬/软

berat / ringan

重/轻

lapar / dahaga

饿/渴

sakit / sihat

生病/健康

menyalahi undang-undang / undang-undang

非法/合法

pintar / bodoh

聪明/愚笨

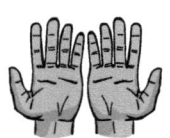

kiri / kanan

左/右

dekat / jauh

近/远

baru / lama

新/旧

tiada / sesuatu

没有/有些

tua / muda

老/幼

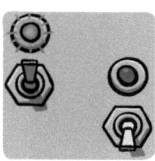

hidup / mati

开/关

terbuka / tertutup

打开/合上

diam / bising

安静/吵闹

kaya / miskin

富/穷

betul / salah

对/错

kasar / halus

粗糙/光滑

sedih / gembira

伤心/高兴

pendek / panjang

短/长

lambat / laju

慢/快

basah / kering

湿/干

panas / sejuk

温暖/凉爽

berperang / berdamai

战争/和平

0

sifar

零

1

satu

一

2

dua

二

3

tiga

三

4

empat

四

5

lima

五

6

enam

六

7

tujuh

七

8

lapan

八

9

sembilan

九

10

sepuluh

十

11

sebelas

十一

12

dua belas

十二

13

tiga belas

十三

14

empat belas

十四

15

lima belas

十五

16

enam belas

十六

17

tujuh belas

十七

18

lapan belas

十八

19

Sembilan belas

十九

20

dua puluh

二十

100

ratus

百

1.000

ribu

千

1.000.000

juta

百万

Bahasa Inggeris

英语

Bahasa Inggeris Amerika

美式英语

Bahasa Cina Mandarin

普通话

Bahasa Hindi

印地语

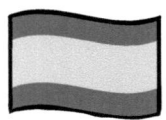

Bahasa Sepanyol

西班牙语

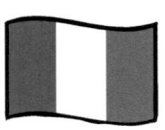

Bahasa Perancis

法语

Bahasa Arab

阿拉伯语

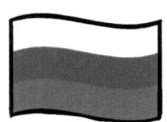

Bahasa Rusia

俄语

Bahasa Portugis

葡萄牙语

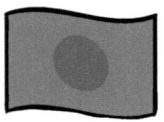

Bahasa Benggali

孟加拉语

Bahasa Jerman

德语

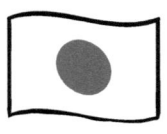

Bahasa Jepun

日语

saya

我

anda

你

dia / dia / ia

他/她/它

kita

我们

anda

你们

mereka

他们

siapa?

谁？

apa?

什么？

bagaimana?

怎样？

di mana?

哪里？

bila?

什么时候？

nama

名字

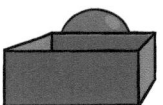

belakang

后面

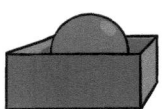

dalam

里面

di hadapan

前面

lebih

上方

pada

上面

di bawah

下面

bersebelahan

旁边

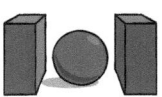

antara

中间

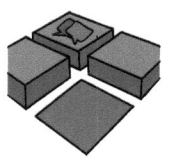

tempat

地点